AF308457

Merci a Joan Peire Baquié
pour ses traductions

Numéro du livre dans la collection : 26

Textes de Bernard Brunstein

ISBN : 9782322157938

Poèmes Français Niçois
de Bernard Brunstein
Illustrations Bernard Brunstein
La langue de la terre
La lenga de la terra
2016
B.Brunstein

Les arbres

Les pins, les sapins

Qui poussent tout la haut

Dans la neige au bord de l'eau

Embaume les sentes les chemins

Dans la nature le long des routes

Ils dessinent le paysage

Apportent l'ombrage

Et nous abritent des gouttes

Les arbres fruitiers

A l'abri dans les jardins potagers

Fleurissent rose et blanc

Confettis de monsieur printemps

Mimosas et lilas

Font une compétition de couleurs

Jaune, mauve aquarelle de douceur

Arbitré par le blanc des acacias

Les arbres de la ville

Écoutent et étouffent les rumeurs

Du bruit des voitures qui circulent en file

Et avalent leurs mauvaises odeurs

Li aubras

li pin li sape

qui creis tout la aut

dintre la neble au bort de l'aiga

embaumà li rara li camin

dintre la natura le lonc des routa

eu dessina le paisage

apourta l'oumbra

es nen assousta dei degout

li aubras fruchié

a sousta dintre li ouort

flourissi rosa e blanc

counfeti de moussu printems

mimosa e lilà

faire una coumpeticioun des coulou

jauni mauva aquarela de suavessa

arbitrà per lo blanc des gàcia

li aubras des la vila

escouta e estouffa li remoun

des bousin des vouotura qui chirculà en fila

e avalà lur marrit oudou

Astro

Dans le ciel d'été

La LUNE prépare sa soirée

Elle a mis sa robe étoilée

Sur ses épaules LA VOIE LACTEE

A ses doigts les Anneaux de SATURNE

Brillent comme les yeux d'un oiseau nocturne

Elle a invité ses amis JUPITER et MARS

Et la belle VENUS en robe de strass

A vouloir trop briller

Le SOLEIL ne fut pas prêt

MERCURE serviteur ailé apporte un message

D'une comète de passage

URANUS et PLUTON sur la grande ours accoudés

Succombent au charme de la belle CASSIOPEE

NEPTUNE grand maître artificier

D'un feu d'étoiles filantes, clôtura la soirée

Et la grande bleue qu'on appelle la TERRE

Sur son orbite dormait solitaire

Rêvant qu'entre les astres de la stratosphère

Elle était sûrement Miss UNIVERS

Dintre lo ciel estieu

la luna alesti la sieu serada

ai met la sieu rauba estelat

sieu li espalas la via lachous

sieu li det li aneu de saturna

brila couma ues di passeroun de
nuech

ai invit li siei amic jupiter e mars

e la bella venus en rauba de strass a voule trou brilà

lo soulèu ne pas prest

mercuri servient alat apourtà un message

d'un coumèta de passage

Uranus e Pluton soubre la gran oursa s'apountela

sucoumba à lou charma de la bela Cassiopée

Neptune grande mestre artificié

d'un fuec d'estella filantclausura la serada

e la grande blu que si sounà la terra

Soubre soun ourbita duerma soulitari

Si pantai que dintre li astre

era segur « miss » univers

Une Fleur

Une fleur que l'on arrache

Au napperon de la vie

Même si dans un pot, on l'attache

Son parfum s'évapore et s'enfuit

Comme un papillon, l'Éphémère

Qui dure, l'espace d'un matin

Un à un ses pétales, tombent à terre

Larmes de son profond chagrin

Una Flou

Una flou que si arrança

A lou touaion de la vida

Meme se dintre un pot un l'estac

Soun oudou estartavelat e escapada

Couma un parpaioun efimerou

Que dura l'espaci dou matin

Una a una li sieu petala toumba soubrelo terren

Lagrima dei lou sieu chagrinous

Goutte de Pluie

Elle est née dans un nuage

Sous un ciel noir couleur d'orage

Elle a la transparence, gris bleu

De l'immensité des cieux

Elle descend sur la terre

Grosse goutte qui roule à terre

Et se rassemble à nouveau

Et forme rivière, ruisseau

Elle mouille le fond de nos yeux

Grosse larme, chagrin des dieux

Qui sur le sol desséché

 Dame nature vient abreuver

Elle épouse parfois le soleil

De leur union né l'arc en ciel

Comme un papillon, est éphémère

Enfant elle court près de sa "mer"

Au creux de ses vagues, blottie

Elle attend la prochaine éclaircie

Pour renaître dans un nuage

Sous un ciel noir couleur d'orage

Degout de pluéia

Es naissut dintre un nieu

souta un ciel negre coulou d'achavana

a la transparença grisa blu

de l'immensita de ciel

toumba sus la terra

grossa degout que vira en terra

e si rassemblada à nouvéu

e forma riviéra valat

muéia li fount di ués

grossa degout chacrinous di diéu

que soubre li souol dessecà

dama natura veni abeurà

spousa de fes lo souleù

de lur unioun naisse l'arc de san martin

coma un parpaioun esefimérou

enfan courra prés de la sieu mar

au encavat di sieu vàgou s'asquassa

asperà proche esclarci

per renaisse dintre un niéu

dessouta un ciel coulou chavana

Histoire

Un rayon de soleil

Amoureux d'un flocon de neige

Lui disant à l'oreille

Des mots sortilège

Qui la trouble, et la glace

Dans ses yeux qui brillent

Un moment d'amour passe

Et son cœur frétille

Un amour fragile

Fait de chaud et de froid

Il est parfois difficile

D'imaginer ce droit

Mais il y a plus fort

Que la réalité

Notre imagination épris de liberté

Unis le flocon au rayon d'or

Elle fond de plaisir

Et de désir

Dans les bras de celui qu'elle aime

istoria

un rajou di souléu

amourous d'un floc de néu

li dire a aurilha

des mot sourtilegi

que la tréboulou e la glaça

dintre li éus qui brila

un moment d'amour passa

e li siu couor fougnà

un amour frale

face de caut e de fréi

es de fès que li a difficil

d'imagina aquel drech

ma es plus fouort

que la réalita

li nouostre imaginacioun en amourat de libertà

unit le floc de néu e le raioun d'or

fount de plasir

e de desidéri

dintre li bras d'aquéu que aime

Instruments

Le son du violon

Nous donne le grand frisson

Quand du grave aux aigus

Notre âme est émue

L'orgue et l'harmonium

De l'Avé maria au Te Deum

Accompagne les cérémonies

Devant Dieu et Jésus Christ

Voila le régiment qui passe

Au son de la trompette et du tambour

Devant la foule qui s'amasse

Les soldats défilent dans leurs plus beaux atours

Instrument béni des dieux

La harpe au son mélodieux

Nous raconte l'histoire ancienne

Des fées et des magiciennes

C'est au son de la flûte

Que dansent les serpents

Comme une forme de lutte

Entre les deux intervenants

istrumen

 le soun de viouloun

dounà li gran frisoun

coura de grave au agut

nouostre ànima es toucà

l'orgue e l'armonioun

de l'avé maria au tedeum

accoupagna li cérimonia

davant diéu es Jésu crist

écco lo regimen que passa

au soun de la troumbeta es du tambau

davant la foula que s'amagà

les sourdà défilà dintre lur plus béu charchéli

istrumen bénedi des diéu

la arpa au soun maravilhous

nen counta l'istoria anciana

des fada es des màgou

es au soun de la flaut

que dansa li serp

coma una forma de lutta

entre li doui intervenant

J'ai vu passer un papillon

 Avec une écharpe de laine verte

Accompagné d'un hanneton

Ils s'en allaient d'un pas alerte

Vers les sous bois de peira cava

Écouter le discours du frelon

Paroles promesses d'élection

Pour laquelle il était candidat

Devant une assemblée de fourmis

D'abeilles et d'araignées

 Jura qu'il les avait compris

Il protégerait la foret

 J'ai vu passer un papillon

Avec une écharpe de laine verte

Qui revenait joyeux certes

Les yeux remplis d'illusions

si vèire passa un parpaioum

embé una sarpa di lana verde

acoumpagnà d'un tavan

que s'en alla d'un pas alarma

vers li souta bouosc de peira cava

per escouta li discour du tavan rous

paraula proumessa di elecioun

per aquela seras candidat

davan una assembléa di fourniga

d'abéia es d'aragna

jurà que le aves coumprès

proutegià la fouré

si vèire passa un parpaioum

embé una sarpa di lana verde

que reveni alegre segur

li uès rempli ilusioun

Jeu avec le mot vert

Le vert est la plus belle des couleurs

Car elle fait penser aux vacances

Elle me remplit de bonheur

En pensant à tes yeux couleur espérance

Un verre posé sur la table

Contenant de la menthe

Sa vue me rend aimable

De le boire me tente

Un ver de terre

Qui n'est pas solitaire

Se promène sur du gazon vert

A la recherche d'une belle mère

Le verre transparent

Ou translucide à la lumière

Permet d'admirer l'environnement

Ou l'ombre qui est derrière

lo vert era la pu bella coulou

car mi fa pensa a li vacança

mi rampli di bouonur

in pensa a li tieu uès

coulou espèrança

un gotou pauà sus la taula

countenença un pau di mentà

 la sieu vista mi rendre aimable

de li béure mi tentà

Un verp di terra

Ma non soulitari

si proumenà sus lo gazon vert

a la recerca d'una bellamaire

lo gotou transparent

o traluen a la lus

permis d'amira l'environa

o l'ombra qui es darriè

LA MOUETTE

La mouette dans le vent

Se prend pour un cerf volant

Elle joue avec les flots

Et glisse comme un bateau

Comme un chien de berger

Elle surveille de tout la haut

Sur les vagues déchaînées

Les moutons de son troupeau

La mouette dans le vent

Hisse son drapeau blanc

Et pousse de grands cris

Face aux nuages gris

La mouette dans le vent

Étoile filante du firmament

Tache blanche dans le ciel pur

Sillonne la voûte d'azur

La mouette dans le vent

Se prend pour un cerf volant

Elle joue avec les flots

Et glisse comme un bateau

lo gabian

lo gabian dintre lo vent

si pilha per un cervoulan

jugà aves li flot

e resquilhà coma un batèu

coma li can de pastre

surveià de tout la aut

sus li vàgou descadenà

li moutoun de sièu estrop

lo gabian dintre lo vent

issà lo sièu drapéu blanc

e poussà des gran rai

faça ai niéu grisa

lo gabian dintre lo vent

estela fila du firmamen

tacca blanca dintre lu ciel pura

pecourre la vouta arurà

lo gabian dintre lo vent

si pilha per un cervoulan

jugà aves li flot

e resquilhà coma un batèu

Le moineau

Sur le carreau tu sautilles

Comme pour une danse un quadrille

Et sur les miettes tombées

Tu te jettes affamé

Petit oiseau, petit moineau

Boule de plumes de duvet

Tu t'envoles tout la haut

Si un bruit vient à t'effrayer

Petit oiseau, petit moineau

Avec prudence, tu t'avances

Vers ma main qui tend pitance

Rassuré sur mon doigt tu viens te poser

Entre nous est née une amitié

lo pàssera

sus lo carréu tu sauteà

coma per una dansa un quadrilha

e sus li briga toumba

tu ti gità afamat

pichin aucéu pichin passéra

bocha di plùma di pelanchoun

tu envoulà tout la aut

se un brui veni a t'escoumbuià

pichin aucéu pichin passéra

embé prudença tu avança

vers la mieu man que tendre pitança

assegurà sus lo mieu det tu veni ti pauà

entre nou es naisse una   aminstança

La brise du large m'a apporté le message

Du Goéland parti en voyage

Au-dessus des grands espaces bleutés

Dans l'azur argenté

Navire du ciel ensoleillé

Comme un bateau aux voiles déployées !

Il sillonne le ciel contre vents et marées

L'étoile du berger lui sert de boussole

Dans sa quête vers l'inaccessible Atoll

En chemin l'Hirondelle de mer

Lui montre la route de la prochaine terre

Ou a l'abri d'un rocher, il pourra dormir

Et aussi se reproduire

La aura dou larc m'ai aporta lo message

Dau gabian partit en viage

Soubre li gran espaci blu founcat

 Nau dou ciel souliha

Couma un bateu a li vel desplega

Elu percourra le ciel contra vent e maréa

L'estalat dau pastre li siervi debossoula

Dintre son questa vers l'inacchessible « atoll »

In camin arèndoula di mar

li faire veire la routa de la prossimou terra

o a sousta d un roucas éu poudé durmi

e finda si reprouduire

L'ESCARGOT

Quand du ciel chagrin !

Tombe la pluie, le crachin

L'escargot montre ses cornes

Et se prend pour dame licorne

Avec sa bave il fait son chemin

Et glisse jusqu'au jardin

Dans le potager, il caracole

De la laitue à la scarole

Et quand dans le ciel, le soleil parait

A l'ombre de sa coquille disparaît

lo limaca

Coura dou ciel chagrisnous

Toumba la plueia, lu escrachada

La limaça faire veire li corna

E si piha per dama « licorne »

Embé son bava en faire soun camin

E resqilha jusca lo jardin

Dintre lo « potager » eu caracola

De « laitue » a la « scarola »

E coura lo soleu pareisse

A l'ombra de son coquilha despareisse

Le vagabond

Le vagabond s'en va

Sur le chemin

Dans sa poche

Un sou pour un verre de vin

La tête pleine de rêves de liberté

Une chanson aux bords des lèvres

Sous la cape de la nuit

Baldaquin de son lit

L'étoile du nord pour lui éclairer la route

Le vagabond s'en va

Lo Baronié

Lo baronié s'en ana

Sus lo camin

Dintre la bournièra

Un sou per un gotou de vin

La testa plen di pantai de liberta

Una cansoun soubre li labra

Souta la capa de la nueech

Baldaquin de lo luech

L'estelata dou nort per li esclara la routa

Lo Barounié s'en ana

Un enfant

Un enfant

à dans son cœur, dans sa musette

Des tubes, des couleurs, une palette

Et sur la grande toile de sa vie

Il barbouille, il mélange, il unit

Un enfant

Regarde la vie, regarde le monde

Et ne sait pas, qu'en musique

Qu'elle soit moderne ou symphonique

Une noire c'est le quart d'une ronde

Un enfant

C'est douceur, c'est innocent

Et c'est vous adultes vous parents

Qui détruisaient son regard d'enfant

En lui apprenant la différence entre le gris et le blanc

un enfant

aves dintre lo couor dintre la sieu

sac a pan

da tubou des coulours una palèta

e suta la grande tela de la sieu vida

élu escarabouchà elu mesclage elu unit

un enfant

regarjà la vida regarjà li mondou

e ne sabi pas qu'en mùsica

qu'elle es moudern o sinfonicou

una nègre era lo quart d'una ronda

un enfant

era suavessa, era inoucent

e era vous adult, vos parent

que destrouge li sieu regart d'enfan

en i apprendre l'esravi tra lo grisa e lo blanc

Editeur : BoD-Books on Demand, 12/14 rond point
des Champs Élysées, 75008 Paris, France
Impression : BoD-Books on Demand, Norderstedt,
Allemagne
ISBN : 9782322157938
Dépôt légal : Mai 2017